JN411352

쉼, 詩

쉼, 詩

1판 1쇄 발행 2021년 1월 30일

지 은 이 | 박자경
펴 낸 이 | 김진수
펴 낸 곳 | 한국문화사
등 록 | 제1994-9호
주 소 | 서울시 성동구 아차산로49, 404호
(성수동1가, 서울숲코오롱디지털타워3차)
전 화 | 02-464-7708
팩 스 | 02-499-0846
이 메 일 | hkm7708@hanmail.net
홈페이지 | http://hph.co.kr

ISBN 978-89-6817-132-1 03800

시인이 읽어주는

휴식 같은 좋은 시 한 구절

쉼, 詩

박자경 지음

여는 글

릴케의 시 한편이 내게로 들어오면서 청년시절 수많은 밤, 시를 찾아 헤매며 가슴앓이를 하던 기억이 새롭습니다.

한 편의 시, 한 구절의 문장에 공감하면서 마음이 따스해지거나 용기를 얻고 때로는 위안과 평안을 느끼기도 하지요. 여기에 그런 구절들을 모아 보았습니다. 첫 대면부터 신선한 감동을 안겨주는 구절이 있고 처음에는 밋밋하지만 자신의 경험에 비추어 그 의미를 두세 번 되새기다 보면 새삼스럽게 다가오는 구절도 있습니다. 우선 외우기 쉽고 오래 기억될 수 있으면서도, 메시지가 뚜렷한 구절들을 간추렸습니다. 저마다 크고 작은 상처를 안고 살아가는 세상에 위로와 용기를 줄 것입니다.

여기 시구들은 시의 일부를 함축적으로 발췌한 것들인 만큼 틈나는 대로 시 전체를 통해 구체적 내용을 넓고 깊게 음미하는 즐거움도 곁들여 누려보시길 권합니다.

차례

봄을 비추는 거울 앞에서

질경이 나싱개 토끼풀 억새

이런 풀들에게 물을 주며

잘 잤니, 인사를 하는 것이었다

그게 뭔데 거기다 물을 주니?

꽃이야,

하고 민지가 대답했다.

그건 잡초야, 라고 말하려던 내 입이 다물어졌다.

정희성 〈민지의 꽃〉 일부

한방의 명의는 잡초를 약초로 바꾸는 마술을 지니고 있다. 시인들도 보잘 것 없고 이름 없는 잡초를 야생의 진귀한 꽃으로 바꾸는 마술을 부린다. 시인 앞에서 그런 마술을 부리는 이 시의 주인공은 물론 민지다.

잡초와 스스럼없이 말을 나누는 민지는 자연 그대로다. 꽃 중의 꽃이며 순결하고 건강한 영혼이다. 싱싱한 언어다. 민지야말로 살아있는 시인 것이다.

민지의 천진한 언어를 특유의 시어로 번역하는 시인의 시심이 있기에 가능한 세계다. 민지를 통해 자연을 예찬하면서 자신의 말에 때가 묻어 있음을 깨닫는 겸허한 반성은 실은 민지가 잡초를 꽃으로 보듯 세상을 꽃으로 보는 시인의 정결한 마음을 뜻한다.

풀잎은

퍽도 아름다운 이름을 가졌어요.

우리가 '풀잎', '풀잎'하고 자꾸 부르면,

우리의 몸과 맘도 어느덧

푸른 풀잎이 돼 버리거든요

박성룡 〈풀잎〉 일부

말에도 주술의 힘이 있다는 사실은 종교계뿐 아니라 학문적으로도 알려진 통설이다. 주술은 긍정의 힘이 실제 실천력으로 작용한다. 침묵의 언어로 행해지는 기도의 간절함이 자기최면으로 이어져 정신력을 배가시키는 것과 같은 맥락이다.

풀잎이라는 주문을 알게 된 시인은 주술사로 치열한 순수성이 심화되어 언어와 영혼의 일체감을 만끽한다.

풀잎의 이름이 아름답다는 주문의 영험은 청정무구한 자기정화를 말하는데 기도할 때 먼저 목욕제계하는 경건함이나 다름없다. 풀잎을 사랑이나 희망으로 바꾸어 불러도 그 효력은 감소되지 않는다.

무릇 생명이 태어나는 경계에는

어느 곳이나

올가미가 있는 법이지요

그러니 생명이 탄생하는 순간에

저렇게 떨림이 있지 않겠어요

송찬호 〈관음이라 부르는 향일암 동백에 대한 회상〉 일부

생명체는 태어날 때 산고를 치른다. 일련의 통과의례다. 꽃이 피는 것은 무(無)의 올가미를 빠져나오는 유(有)신성한 탈출이다. 그런데 실은 탄생 이전의 세계, 즉 올가미를 씌운 자도, 올가미에서 빠져나오도록 도와준 자도 동일한 존재다. 우주의 조화로 신의 뜻인 것이다.

세상은 아무리 빠져나가려고 몸부림을 쳐도 도무지 탈출이 불가능한 생로병사의 올가미, 즉 생과 사가 짜고 설치한 모순과 불합리의 세계이다. 이상과 현실의 괴리는 생과 사의 갈등 구조만큼이나 해결이 요원하다.

거기에는 보다 깊은 뜻이 담겨있다. 생명이 탄생의 순간 "매서운 겨울 바다 바람도 검푸른 잎사귀로 그 어린 꽃을 살짝 가려"주는 지극한 정성과 애틋한 사랑에서도 신의 진심을 느낄 수 있다. 그 깊은 뜻을 깨칠 때만이 영원히 올가미에서 벗어날 수 있는 것이다.

나 서른다섯 될 때까지

애기똥풀 모르고 살았지요

해마다 어김없이 봄날 돌아올 때마다

그들은 내 얼굴 쳐다보았을 텐데요

안도현 〈애기똥풀〉 일부

시인은 길가의 작은 풀 한 포기도 무심코 지나치지 않는다. 사물에 대한 특이한 발견에 색다른 상상의 옷을 입힌다. 나름의 존재의미를 부여하기 위해서다. 자연과학자는 발견을 분석하는데 그치지만 시인은 발견된 사물을 새롭게 창조한다.

애기똥풀은 작고 볼품없는 독초에 속한다. 꽃은 화사하지도 청초하지도 않다. 시인이 그것을 어여쁘게 보는 것은 가까이서 볼 수 있음에도 미처 눈길을 주지 못한 미안함의 발로이다. 또 하찮은 것도 아름답게 보는 시인의 눈 때문이기도 하다.

흔히 지나치기 쉬운 사물도 경이롭게 보고 귀하게 여기는 것은 우주적 존재의 일차적 자격요건이다. 인간관계도 마찬가지다. 이웃과의 참다운 관계는 상생의 입장에서 남다른 관심을 기울이고, 그 존재를 늘 고맙고 소중하게 여기는 데서 비롯되는 것이다.

무엇을 보았고

무엇을 그린 것일까?

이지러진

잠결의 낙서

모든 것의 바로 그것인

그림자.

황인숙 〈서쪽 창에 의자를 놓고〉 일부

학문의 경우, 물음은 권리고 가설은 그 자유다. 따라서 변증법의 함정을 벗어나려면 하나의 물음에 하나의 가설을 더해야 한다. 변증법은 끊임없는 물음표의 연장이다.

어쩌면 생은 물음표로 얼룩진 화폭에 한 점 그림을 그리다 떠나는 것인지도 모른다. 아니면 낡은 색종이에 낙서 몇 자 남기고 떠나는 것은 아닐까? 기껏 그려온 그림이 실물을 그린 게 아니라 그림자를 실물로 착각하고 그린 것은 아닐까?

내가 앓고 있는 마음의 병의 실체는 어디 있을까? 과연 실체가 있기는 한 것일까? 끊임없이 흐르는 마음의 실체는 또 어떤 것일까? 만약 실체가 없는 것이라면 실체도 없는 병을 앓고 있는 나는 누구인가?

내 만난 꽃 중 가장 작은 꽃
냉이꽃과 벼룩이자리꽃이 이웃에 피어
서로 자기가 작다고 속삭인다.

황동규 〈꿈꽃〉 일부

꽃은 아름다움과 향기를 다툰다. 서로 돋보이려고 발돋움한다. 그런데 여기서는 작은 꽃들끼리 서로 자기가 더 작다고 한다. 크고 아름답다고 우기기 쉬운데 서로 자기가 작다며 돋보임을 양보하고 있다. 그것도 큰소리 내지 않고 속삭이고 있다. 지극한 이타적 겸손이며 아름다운 화합이다.

가만 보면 하나같이 모두가 예쁘기만 한 꽃이며 꼭 피어 있어야 할 자리를 지키고 있는 꽃들이다. 어느 교향악보다도 눈부신 화음을 이루고 있다. 인간이 간절하게 그러나 막연히 꿈꾸어 온 대동세상을 눈에도 잘 띄지 않는 작은 꽃들이 도란도란 선보이고 있는 것이다.

천년의 은행나무도 이미 천 년 전으로 돌아가고

이제 보니 나도 없다

다시 산을 지우고 흐르는 물소리

바람소리.

강인봉 〈용문사〉 일부

절 문은 항상 열려있다. 이 문을 불가에서는 불이문이라고 한다. 진여와 생멸의 두 세계가 결국은 하나라는 사실을 일러 주기 위한 방편으로 세워놓은 것이라는데, 절에 들어섰을 때는 일체의 상대성을 버리고 하나의 세계에 머물라는 주문인 셈이다.

계곡의 물소리에 젖다보면 문득 산이 없다. 또 바람 소리에 산도 물소리도 사라진다. 바람 소리조차 지우고 나면 무엇이 남을까. 나는 어디 있을까. 방금 전까지 물소리 바람소리에 귀 기울이던 나는 어디 갔을까.

볼수록 더 조용해지는 꽃.

자기도, 나도, 그 사이도 조용해지는

세상의 모든 잊혀짐.

몇 달쯤 그 꽃잎에 누워

편안하고 긴 잠을 자고 싶은 꽃

마종기 〈난(蘭)〉 일부

꽃은 아무리 함빡 웃어도 웃음소리를 들을 수 없다. 꽃 역시 저를 향해 내지르는 인간의 탄성을 알아채지 못할 것이다. 이처럼 인간의 언어와 자연의 언어 차이에서 빚어질 소동은 도처에 숨죽이고 있다.

세상의 모든 꽃은 고요하다. 그러나 아름다움과 향기에 취해 정작 꽃의 고요함에 대해서는 관심을 기울이지 않는다. 이제 꽃을 감상할 때면 아름다움과 향기에 취하고 나서 본격적으로 고요에 대해 귀를 기울여 보고 사람도 하나의 꽃으로 돌이켜보자.

사람의 외형적 아름다움은 시간에 따라 시들어지기 마련이지만 그 내면의 향기는 시간에 따라 더 무르익을 수 있다. 마음의 고요가 향기의 진원지다.

이제 내려 놓아라

어둠은 어둠과 놀게 하여라

한 물결이 또 한 물결을 내려놓듯이

또 한 슬픔을 내려놓듯이

강은교 〈아침〉 일부

생은 여행이다. 짐이 무거우면 오래 가지 못할 뿐더러 자주 쉬어야 한다. 멋모르고 이것저것 꾸려 넣지만 몇 걸음 안 가 어리석음을 깨달은 이들은 짐을 가볍게 정리하고, 거기서부터 새 출발을 한다.

욕망의 짐을 내려놓지 못하는 자들은 소풍의 길을 노역의 길로 악화시켜 괜한 고통을 사서 치른다. 자본주의 사회는 욕망을 부추겨 수명을 연장한다. 소비가 인간의 자유와 행복을 확대하느냐, 인간성을 퇴화시키느냐 판단할 틈도 주지 않고 숨가쁜 욕망의 블랙홀에 인류를 함몰시킨다.

시인은 꽃망울이 꽃으로 피는 것에 비유하며, 짐을 부리는 것을 한 물결이 또 한 물결을 내려놓듯이 무거운 짐을 어서 내려놓으라고 한다. 이 시의 저변에는 무거운 짐을 부려놓고 마음을 비우고 보면 세상은 온통 꽃밭이라는 낙관론이 깔려있음을 알 수 있다. 자신을 비우는 것은 꽃이 피는 것과 같은 것이다.

마음 졸이던 소풍아

안타까움보다 더 광포한 세월아

순교의 순정아

나 이제 시시껄렁으로 가려고 하네

시시껄렁이 나를 먹여 살릴 때까지

허수경 〈봄날은 간다〉 일부

비바람이 휩쓸고 간 강이나 빈 들은 예전보다 더 고요하다. 시인은 그 적막 속의 한가를 노래하고 있다. 격랑의 시간이 썰물처럼 빠져나간 뒤에 맛보게 되는 시시껄렁한 일상적 평범의 가치를 새삼스럽게 조명하는 것이다.

시시껄렁은 시시하고 너절한 상태를 이르는 시답지 않은 표현에 속하지만 시인이 변화무쌍한 시간의 유목을 청산하고, 드디어 일상에 안착하게 된 배경을 집약한 상징적 표제어다. 시시껄렁은 광포한 세월에 순교의 순정으로 대응하던 거대담론에 쫓겨 미처 돌아보지 못한 미시적 자아에 대한 보상인 것이다.

시시껄렁은 추수가 끝난 빈 들에서 이삭을 줍듯 작고, 낮고, 가까운 것에서 남은 생을 안정되게 누리려는 것으로 평범 속의 진리를 상징하는 고차원의 은유다. "시시껄렁이 자신을 먹여 살린다"고 노래하는 시인의 평상심에는 초연과 탈속의 기운이 감돈다.

'다 공부지요'

라고 말하고 나면

참 좋습니다.

김사인 〈공부〉 일부

배움의 상대는 사람만이 아니다. 한 겨울을 온몸으로 달구어 화사한 꽃을 피운 매화, 촘촘한 돌담 틈을 뚫고 연록의 기지개를 켜는 민들레, 유유히 천 년을 흐르는 강 등, 배울 점을 지니고 있는 사물은 헤아리기 벅차다.

공부 중에서도 고통과 절망을 극복해내는 공부는 반전을 통해 전화위복을 꾀하는 일석이조의 효과를 선물한다. 절망과 고통조차도 공부로 여기다 보면 일부러 극기 훈련을 즐기는 것처럼 힘이 솟고, 실체를 바로 보게 되는 덤까지 얹어진다.

마이너스를 플러스로 바꿀 뿐 아니라 자아를 강화하고 지혜도 익힐 수도 있는 것이다. 극한의 시련조차도 하나님이 내려 주시는 은총으로 여기는 성경 속 '욥'의 경우는 좋은 예다.

흔들의자가 있어야겠다.

흔들리는 세상

더는 흔들리지 않기 위하여!

이은봉 〈흔들의자〉 일부

움직임은 목표를 향한 행위이지만, 흔들림은 결정하기 전의 망설임이다. 움직임은 스스로의 의지에 의해 이루어지지만 흔들림은 무엇인가에 의한 피동이다. 식물은 때때로 가지가 휘어지고 부러질 정도로 흔들린다. 그러나 몸의 바탕인 뿌리는 끄떡도 하지 않는다.

사람은 육중한 몸집으로도 흔들린다. 밤과 낮의 명암에 따라 흔들린다. 심신의 건강과 기분에 따라 흔들린다. 그것도 부족해서 누군가의 꼬임, 부추김, 협박, 모함, 이해관계에 따라 흔들린다. 흔들림 중에서도 집단적 흔들림은 파장이 크다.

흔들림은 자신을 타자화하는 주범이다. 흔들리는 순간, 온전한 자신은 사라지고 타의나, 타자의 시선에 따라 조종되기 쉽다. 자신을 놓치는 순간 흔들림은 마음의 빈틈을 급습한다. 진정한 자아는 어떤 경우에도 식물의 뿌리와 같이 흔들리지 않는다.

시냇가 집 꽃들은 만발하고

아침 해와 조각 노을 붉은데

숲속 새들이 쪼는 꽃잎이

이따금 술잔에 떨어지네

김정희 〈제목을 잃다〉 일부

추사는 시·서·화에 능한 보기 드문 천재였다. 금석학의 권위자인데다가, 백파선사와 선문답을 주고받을 정도로 학문의 세계도 깊고 넓었다. 문인화의 대표작으로 꼽히는 세한도는 절제와 균형, 여백미가 일점일획도 다른 수식을 허락지 않는다. 그 기풍은 시에도 고스란히 배어있다.

'제목을 잃다'라는 제목부터가 예사롭지 않다. 제목을 잃을 만큼 시상에 취해서일까. 굳이 제목을 붙이기가 난감해서일까. 냇가에 자리 잡은 집은 전망만으로도 한 몫 한다. 꽃들이 만발해 있다지만 실은 추사의 취향으로 보아 매화 한 두 그루면 족할 것이다.

그 정황은 이 시의 백미인 끝의 두 행에서 입증된다. 새들이 꽃을 쪼고 있는데 꽃잎 조각이 떨어져 술잔을 두드리는 것이다. 세상에 이 보다 더한 권주가가 또 있을까. 술을 끊었던 이들도 숨겨둔 잔을 내밀 법하다. 신선의 세계도 부럽지 않다.

별놈의 인간들
다 들락거리는데

제 몸에 담은 것
모두 퍼주고도

늘 번쩍거리며
저렇게 살아남다니!

박자경 〈24시 편의점〉

24시 편의점은 휴식이 없는 전천후 시간을 담보로 고객의 편의에 발을 맞춘다. 고객의 다양한 필요를 충족시켜주는 것으로 유지된다. 그런데 필요를 충족 시켜주는 순간 그 자리는 비워진다.

편의점은 제 몸에 담은 것을 퍼 주기 때문에 살아남을 수 있다. 많이 퍼줄수록 존재 가치는 확대된다. 비움으로 새로움을 채워가며 늘 싱싱한 모습을 지켜낸다.

우리의 마음도 온갖 번뇌 망상이 들락거리지만 그것을 비우는 순간, 번쩍거리며 살아남을 수 있는 것이다.

살아가면서 늙어가면서 삶에 지치면

먼발치로 당신을 바라다보고

그래도 살다가 영, 당신을 볼 수 없게 되는 날

당신 품에 안겨 당신이 될 수 있겠지요

함민복 〈산〉 일부

누구나 애써 산에 오르지만 결국 내려오고 만다. 시인도 잠시 산의 품에 안겼다가 내려오는 길이다. 그러면서도 죽음을 산으로 돌아가 그 품에 안기는 것으로 묘사한다. 뿐만 아니라 산은 자신을 가다듬고 삶의 에너지를 보충하는 충전소다. 산은 살아서도 품에 안기고 죽어서도 품에 안기는 모성적 안식처인 것이다.

가슴 속에 산 하나 품고 산다는 것은 얼마나 미덥고 아름다운 일인가. 흔들리거나 흐트러진 마음을 곧추세우고, 희로애락을 함께 나누고, 결국 그 품에 돌아갈 수 있는 산이 존재한다는 사실은 한 번 뿐인 생에 있어서 더할 나위 없는 축복이다. 너도 나도 서로를 산으로 삼고 서로의 산이 될 일이다.

수천수만 번의 벼락도

나를 멍들게 할 수 없다

비어 있으므로

김선우 〈허공〉

번뇌, 분노, 원망, 시기, 불안, 자학 등은 마음 속에 욕망의 찌꺼기가 쌓여 있거나 아직도 그 잔해가 지워지지 않았기 때문에 생기는 마음의 병이다.

멍들지 않는 것은 욕망의 굴레를 벗어나 마음이 건강하기 때문에 상처를 입지 않음을 뜻한다. 마음의 건강은 자신은 물론 건강한 사회의 바탕일 수 있다.

허공은 무한의 자유를 상징한다. 실체가 없는 마음도 원래 텅 비어 있다. 다만 비어 있는 거기에 뭔가를 채우기 바쁘다. 일부러 사서 마음의 상처를 불러들이고 또 키우는 것이다.

사랑하는 것은

창을 여는 것입니다.

그리고 그 안에 들어가

오래오래 홀로 우는 것입니다.

문정희 〈사랑하는 것은〉 일부

사랑은 창문을 열고 상대를 스스럼없이 맞아들인다. 활짝 열린 공간을 훈풍으로 채워 항상 부드럽고 따뜻하게 한다. 생명체가 지닌 무기 중에서 가장 강력한 위력을 지니는 사랑은 부드러우면서도 단단하다. 아니, 부드럽기에 강하다.

시인은 사랑의 전제조건으로 오래오래 울며 슬픔을 간직할 것을 주문하고 있다. 사랑을 더욱 부드럽고 단단하게 연마하기 위해서는 준비운동이 필요하다는 역설이다. 울음과 슬픔으로 다진 사랑은 그만큼 감미롭고, 벅차고, 설렐 수 있기 때문이다.

여름을 열면서, 문득

아프니?

많이 아프니?

나도 아파 하지만

상처가 얼굴인 걸 모르겠니?

우리가 서로서로 비추어 보는 얼굴

김정란 〈눈물의 방〉 일부

누구나 기쁨은 들떠 환영하면서도 슬픔으로부터는 달아나려고 애쓴다. 슬픔이 다가오면 무조건 잊으려 하고, 덮으려 하고, 밀으려고 든다. 그런데도 기쁨보다는 슬픔이 더 많은가 보다.

시인은 꼭 닫힌 내부의 옥문을 열고 들어가 아픔과 말을 붙여보기를 권한다. 그리고 그 아픔 즉, 상처가 얼굴이라고 한다. 근심 걱정이 쌓이고, 마음고생을 많이 하면 그 흔적이 얼굴에 나타나기 때문이다.

슬픔은 외부와의 관계 속에서 형성되지만 실상은 내부에서 다스려진다. 좋은 얼굴을 가꾸는 것은 마음의 씀씀이와 다스림에 각별한 정성을 기울이게 되는 것과 같다. 살다보면 자신과의 대화가 얼마나 소중한지를 시인은 되새겨 주고 있다.

아 아직 멀었다 나는
저 우뚝한 굴뚝의 정신에 닿으려면!
잘게 지핀 욕망의 불 아궁이 속으로
지지지 타 들어가는, 본래 내 것이 아닌, 하얀 뼈들

고진하 〈굴뚝의 정신〉 일부

시인은 허공에 연기를 내뿜는 굴뚝을 하늘과 내통하는 것으로 본다. 또 검게 그을린 어둠 속에서 지상의 온갖 쓰레기도 하얀 재로 태워버리고 다만 한 줄기 가벼운 연기로 승천하는 무심의 현상을 굴뚝의 정신으로 본다.

그런데 굴뚝의 경지에 이르기에는 아직 멀었다는 자괴감을 되씹는다. 돌이켜보면 그 자괴감이야말로 굴뚝의 정신에 이를 수 있는 최선의 비결이다. 굴뚝의 정신을 단순히 아는 게 아니라 속속들이 아프게 깨치고 있기 때문이다.

본래 내 것이라곤 없다. 하나같이 탐욕의 산물일 뿐이다. 그 허구의 쓰레기를 활활 태우고 재마저 다 쏟아 버려야 한다. 그러면 연기처럼 가벼운 무심의 경지에서 유유자적할 수 있는 것이다.

세상이 다 나를 버려
마음이 외로울 때에도
너뿐이야 라고 믿어 주는
그 사람을 그대는 가졌는가!

함석헌 〈그대 그런 사람을 가졌는가〉 일부

이 시는 〈그대 그런 사람을 가졌는가〉라는 제목이 후렴처럼 반복해 매 연의 마지막 행을 차지하고 있다. 그 사람은 세상이 다 나를 비릴지라도 너뿐이라고 믿어주는 사람이며, 함께 탄 배가 가라앉을 때 구명조끼를 기꺼이 양보해 줄 수 있는 사람이다. 이 세상을 차마 잊지 못하고 떠나며, 너 있으니 안심하고 웃으며 눈감을 수 있는 사람이다. 시류를 떠나 진실로 충언해 주는 존재다.

세상에서 좀처럼 보기 드문 그런 사람 하나만으로도 세상이 꽉 차는 존재감을 느끼며 살맛이 난다. 그런데 이 시의 본질은 불신과 거짓이 판치는 어두운 세상에 자신만이라도 올곧고 진실한 사람이 되어야 한다는 스스로의 절박한 다짐이다.

구두 끝을 보면

검은 것에서도 빛이 난다

흰 것만이 빛나는 것은 아니다

천양희 〈그 사람의 손을 보면〉 일부

구두를 닦거나, 창문을 닦거나, 거리의 청소를 하는 손은 거칠고 검다. 그러나 어느 손보다도 눈부시게 빛을 발한다. 구두를, 장을, 거리를 빛나게 닦아 내기 때문이다. 아무리 깨끗한 손도, 직접 손때를 묻히지 않고서는 빛을 내지 못한다.

세상의 음지와 험지를 쓸고 닦아 빛을 내는 것은 어둠 속에서 불을 밝히는 것과 같다. 이끼와 먼지에 묻힌 보석을 닦아 내 사방에 그 광채가 울려 퍼지게 하기 때문이다. 성스러운 것은 고통스럽고 낮은 데서 이루어지는 것이다.

구들장 한 뼘 넓이만큼 마음을 덥혀놓고

눈물 글썽거리더라도 들판 저쪽을

캄캄해질 때까지 바라봐야 하지 않겠느냐

김명인 〈따뜻한 적막〉 일부

적막은 작은 다락방도 텅 빈 안방처럼 크게 느껴지게 한다. 바깥 소리로 부터 단절된 혼자라는 사실이 내부의 공간 면적을 키우기에 썰렁하고 소슬하다.

시인은 따뜻한 적막을 노래한다. 그 공간을 버려두지 않고 새로운 음색의 우주적 모어로 채운다. 적막은 소음이나 잡음이 배제된 공간으로, 깊고 고요한 경지에서 자신만의 언어가 무르익는 시간이다.

침묵 속에서 이루어지는 대화 상대는 특별한 인연이나 신, 혹은 우주일 수도 있다. 적막은 소멸의 공간이 아니라 생성의 산실이길 바란다. 가을의 남은 온기가 작열하는 적막 속에서 우주의 따뜻한 숨소리를 듣기 때문이다

조급히

서두르지 마라.

폭포 속의 격류도

소(沼)에선 쉴 줄을 안다.

오세영 〈강물〉 일부

강물하면 대부분 그 유장한 흐름만 노래했지 무작정 앞만 보고 달리는 것에 제동을 거는 이들은 별로 없었다. 시인은 절벽에 막힌 강물은 물길을 뒤로 돌리고, 폭포 밑의 물은 작은 못이 되어 물길을 쉬게 하기도 한다고 노래한다.

그러나 결국에는 강물이 바다에 이르는 흐름을 쫓아 영원에 이른다고 노래한다. 다만 무심한 강물이어야 한다는 주석을 덧붙인다. 무심한 강물은 흐름에 초연한 상태를 말한다.

사람의 생도 결국 죽음에 이르는 길이다. 그런데 그 죽음은 강물이 바다에 이르듯 영원에 귀속하는 과정에 불과하다. 그러니 생사에 초연하라는, 즉 삶이나 죽음에 연연하지 말고 한결같이 텅 빈 충만의 상태를 유지하라는 것이다.

空中이란 말

참 좋지요

중심이 비어서

새들이

꽉 찬

저곳

박형준 〈저 곳〉 일부

공중은 텅 비어있다. 사방이 길이어서 새들이 마음껏 날 수 있다. 온전히 비워 새롭게 채우는 공간으로 비움과 채움이 자유롭게 이루어지는 이상향이다. 참으로 맑고, 밝고, 순전하게 비워냈기에 무한의 자유와 평화가 주어지는 공중은 인간으로 치면 가장 건강한 정신세계이다.

시인은 공중에서의 삶을 꿈꾼다. 그런데 그 내용은 지극히 평범한 일상의 욕구이다. 특별하지 않고 평범한 삶이야말로 가장 우주적인 것이다. 굳이 비울 것도 채울 것도 없이 비움과 채움을 자유자재할 수 있기 때문이다. 시인에게 시의 제목인 "저 곳"은 평범한 일상의 거처인 바로 이곳이 맞다.

사람들 사이에 꽃이 필 때

무슨 꽃인들 어떠리

그 꽃이 뿜어내는 빛깔과 향내에 취해

절로 웃음 짓거나

저절로 노래하게 된다면

최두석 〈사람들 사이에 꽃이 필 때〉 일부

인간사회는 사람과 사람 사이의 교신에 의해 이루어진다. 모든 사물에는 사이가 있기 마련이다. 사이를 어떻게 조절하고 관리하느냐에 따라 관계의 변화가 빚어진다. 숱한 상처도 인간과 인간 사이에서 파생된 사이의 부조화이고 사이의 퇴적물이다.

사람과 사람 사이에 꽃을 피우고 나비가 날게 한다. 사람과 사람 사이의 융화를 꾀하려는 따뜻한 배려다. 사람과 사람 사이에는 끊임없이 접촉과 분리가 이루어진다. 분리 시에는 자아를 반조하고, 중용에서 이르듯 혼자 있을 때를 삼가는 근신이 필요하다. 반면, 접촉 시에는 서로 다른 감각과 감성의 만남이 이루어지는 만큼 상호 이해와 배려, 헌신이 요구된다.

어미 소가 송아지 등을 핥아준다

막 이삭 패는 보리밭을 핥는 바람

아, 저 혓자국!

나는 그곳의 낮아지는 저녁 해에

마음을 내어 말린다

장석남 〈저녁 햇빛에 마음을 내어 말리다〉 일부

마음은 의식과 무의식으로 나누어진다. 마음의 심연을 관장하는 무의식은 수수께끼 같은 미지의 세계다. 의식과 달리 마음의 눈에는 띄지 않기에 우리는 의식이 마음의 전부인 양 착각하며 살아간다.

흔히 무의식의 표면에 드러나는 의식을 빙산의 일각에 비유하기도 한다. 시인은 낮아지는 저녁 해에 마음을 내어 말린다. 내면의 이끼 낀 무의식을 외부로 끌어내 바깥바람을 쏘여주는 것이다.

무의식의 외출은 송아지 등을 핥아주는 어미소의 숨 가쁜 환희이며, 막 이삭 피는 보리밭과 그것을 핥는 바람의 만남이다. 시인은 그 사실에 감격해 자신도 모르게 감탄사를 터트린다. 이윽고 묵은 상처가 치유되는 순간이다.

너의 목소리를 들으면

내 마음이 놓인다.

너의 목소리를 들으면

내 가슴이 즐겁다.

우리를 살고 싶게 하는

그 목소리여,

너는 어디 있느냐

홍영철 〈목소리〉 전문

목소리만 들어도 살 것 같은 사람이 있다. 듣기만 해도 가슴이 뛰고, 어떤 노래보다도 감미롭고, 어떤 희소식보다도 기쁜 목소리가 있다. 그 목소리는 나를 살고 싶게 한다. 세상의 어떤 시도, 어떤 음악도, 어떤 찬사도 그 목소리를 대신할 수 없다.

'그 사람'이 아니면 어떤 목소리도 무의미하다. 그 목소리로 우주의 숨소리를 듣고 별의 노래를 들으며 겨울에도 봄의 발걸음 소리를 듣는다. 그 목소리에 의해 내 오랜 마음의 병은 이미 씻어졌다. 그 목소리만 있으면 마음에 상처 따위가 깃들 틈이 없다.

내 몸에 흐르는 깊은 물줄기

이름 서로 다른 대양들이 만나 아름다운 해협을

만들고 있다

김상미 〈나는 네가 더 아프다〉 일부

무수한 강을 지나야 바다에 이른다. 그 무수의 바다가 모여 또 대양을 이룬다. 파랑이 그친 뒤의 대양은 언제 그랬냐는 듯 맑고 깊고 고요하다. 그러면서도 대양은 파도를 일으켜 스스로를 다독인다. 또 아름다운 해협을 만들기도 한다. 망망대해가 저들의 놀이터다.

맑고 고요한 대양은 해협을 통과하며 파동을 낳고 스스로를 정화한다. 사랑은 대양에 일렁이는 파동과 같다. 사랑은 순수와 열정이 생명이다.

그 순수의 파동과 같이 사랑하는 사람은 내가 아프면서도 상대가 더 아플 것이라고 상대에게만 마음을 쏟는다. 상대의 아픔의 체중을 내 아픔 위에 싣는다. 그렇게 해 상대의 아픔을 덜고, 나의 아픔을 잊는다. 그리하여 망망대해에 아름다운 해협을 만든다.

오지 않는 너를 기다리다가

나는 알게 되었지

이미 네가

투명인간이 되어

곁에 서 있다는 것을

그래서 더불어 기다리기로 한다

강윤후 〈성북역〉 전문

영화 〈사랑과 영혼〉은 이승과 저승을 넘나드는 사랑을 다루고 있다. 그러나 저승의 연인은 투명인간이다. 투명인간은 간절히 소통을 원하지만 막상 상대는 알아채지 못한다. 그 역시 죽은 연인에 대한 그리움이 간절하지만 어찌할 수 없다.

떨어져 있어도 마음을 온전히 함께한다면 그것은 곁에 있는 것이나 다름없으리라. 서로의 마음에 대한 확신만 있다면 말이다. 서로가 투명인간, 즉 그 사람의 그림자가 되어 함께 걷는 것이다.

진한 향기는 베어진 나무의 생채기에서 퍼져 숲을

가득 채우고 있다.

우리의 상처에서도 저렇게 향기가 피어날 수 있을까

김진경 〈숲〉 일부

찢어진 꽃잎에서는 향기가 난다. 송진내처럼 나무는 상처에서도 향기가 난다. 반면 사람의 상처에서는 악취가 난다. 그 악취는 자신은 물론 남에게도 고역이다.

마음의 상처는 겉으로 보이지 않을 뿐더러 냄새도 나지 않는다. 몸의 상처 몇 배보다 아프다. 그러나 몸의 상처는 흉터가 남지만 마음의 상처가 치유되고 나면 새삼 자신을 되돌아보고 깊이 들여다보게 되며, 침향(沈香)처럼 그 향기는 시간이 흐를수록 은은히 사방에 퍼진다.

견디고 있다는 생각이 든다면

당신은 누군가를 그리워하고 있는 것이다

권혁웅 〈포장마차는 나 때문에〉 일부

그리움은 견디는 이들에게만 허락된다. 그리움만이 아니고 생의 대부분이 견디는 힘에 의해 이루어지지만, 그리움만큼 견디기 힘든 것도 드물다. 그러면서도 그리움처럼 견디는 것에 중독된 경우도 드물다.

그리움은 상대를 소중한 존재로 만드는 마력을 지니고 있다. 누군가의 그리움을 부추길 수 있다면 그는 아직 세상을 살 자격이 있다. 그리움은 삶의 축을 둘 만의 세계로 끌어당기는 자력이다.

그리움은 견디는 것이 아니라 자연스럽게 즐기는 것이어야 한다. 즐거운 그리움은 즐거운 삶의 에너지이기 때문이다.

흐르는 모든 것들

속으로만 늘 그렇게 슬픈 흔적을 내는가.

백수인 〈강변에서〉 일부

흔히 생을 강에 비유하며, 한편으로는 강을 닮고 싶어 하는 인간은 강과 동반자적 친밀도를 유지해 간다. 강의 표면은 해맑고 진진하지만 그 깊은 바닥까지 그렇다고 단정하기는 어렵다. 강바닥에는 깨진 소주병, 썩은 쓰레기 더미, 녹슨 쇠뭉치 등이 세월의 앙금처럼 처박혀 있을 수 있다. 그런데도 겉은 맑고, 잔잔하며, 유유히 흐르고 있다.

강은 인간의 마음과 비교된다. 마음은 잠시도 제자리 있지 못하고 강물처럼 흐른다. 겉으로는 차분하고 평화로워 보이는 인간의 마음도 안으로 파고들면 숱한 번뇌와, 잡념, 우울, 슬픔의 응어리, 이유 모를 상처가 잠복해 있다. 문제는 어떻게 강물처럼 늘 맑고, 잔잔하며, 유유히 흐를 수 있느냐는 것이다.

달이 차면 구름이 자주 가리고

꽃이 피면 바람 불어 꽃잎 날리네

세상일이란 모두 이런 것

나 홀로 웃는 까닭을 누가 알까

정약용 〈독소獨笑〉 일부

달이 차는 것과 꽃이 피는 것은 기쁘고 즐거운 일이다. 그런데 어느새 그 달을 구름이 가리고 바람이 꽃잎을 흔든다. 희로애락과 길흉화복이 수시로 교차하는 인간의 삶도 다르지 않다. 자연에게도 인간에게도 좋은 일만 계속되지 않는 게 일상의 모습이다.

예부터 우리 민족은 좋은 일에도 지나치게 기뻐하지 않고 나쁜 일에도 크게 동요하지 않는 근신을 미덕이자 생활의 지혜로 삼았다. 그리고 험난한 역경 속에서도 나름의 즐거움을 소중히 가꾸었다.

오랜 시간 타지에서 가족과 떨어져 지낸 다산의 삶은 형극의 나날이었다. 그러나 적소의 지난한 일상에도 때로 달이 차고 꽃이 피는 순간은 찾아왔다. 제자 초의나 이웃 백련사 혜장과의 차담도 그 중의 하나였다. 그러기에 희비에 연연하지 않고 혼자만의 미소를 잃지 않는 비결을 누릴 수 있었다.

골목길에서 옛날 국수 가게를 만났다

남아 있는 것들은 언제나 정겹다

왜 간판도 없느냐 했더니

빨래 널듯 국숫발 하얗게 널어놓은 게

그게 간판이라고 했다

정진규 〈옛날 국수가게〉 일부

옛것이 새롭게 되살아나고 있다. 익숙하고 정겨운 것의 편안함이 모처럼 시인과 국수가게 주인의 공감대를 이어 준다. 간판이 따로 없이, 옛것을 지키는 수구초심이 간판인 국수가게는 아예 문명으로부터 초연한 저만의 공간이다.

도시 속에 옛 시골이 태연히 알 박기한 채 모르쇠 딴청을 부리고 있다. 그런데도 허름하거나 초라하지 않고 당당하게 돋보이고 있다.

옛것을 지우고 버리기 급급한 세상에 그것을 살뜰하게 지키며 누리는 자족의 한가와 여유가 새삼 값질 수밖에 없다. 그리하여 도(道)가 따로 있는 게 아니라 평상 속에 깃들어 있음을 실감케 된다. 덩달아 시인의 마음도 백합처럼 정결하고 넉넉해지는 치유의 경지에 이르고 있다.

가을 그늘 아래서

그늘에 빚지지 않고

어느 햇볕에도 기대지 않는

김현승 〈견고한 고독〉 일부

음과 양을 이루는 그늘과 햇볕은 우주 질서의 양대 요소다. 그늘이나 햇볕의 도움 없이는 인간뿐 아니라 미물조차도 존재할 수 없다. 그런데도 시인은 그늘에도 햇볕에도 빚지거나 기대지 않겠다고 한다.

만물은 그 무엇도 혼자서는 살 수 없다. 우리는 각자의 위치에서 서로 돕기 위해 너와 나로 나누어져 있을 뿐이다. 남과 여로 나누어져 그 짝이 하나를 이루어야만 인류는 존속할 수 있는 것처럼.

빚지지 않기 위해서는 그만큼 제 몫을 다해야 한다. 내가 내 몫을 다 할 때만 너에게 빚지지 않을 수 있다. 물질적으로나 정신적으로 가장 건강한 상태다. 홀로 설 때는 고독하지만 이야말로 고독을 떨쳐내는 최선의 비결이다.

길을 잃고 나서야 나는

누군가의 길을 잃게 했음을 깨달았다.

나희덕 〈길 위에서〉 일부

길 위에서 쉬거나 서있을 때가 있다. 그러나 잠시뿐 서둘러 길을 간다. 밤잠을 재워주는 집도 길의 연장에 지나지 않는나. 가다가 길이 막힐 때도 있다. 그러나 멀리 보면 그조차도 엄연한 길이다.

애써 길을 내는 이가 있는가 하면 그 길을 윤기 나게 닦는 이가 있다. 누군가의 막힌 길을 터주는 이도 있다. 무심코 남의 길을 방해하는 이도 있고, 아예 작정하고 남의 앞길을 가로 막아버리는 이도 있다.

길과의 소통은 길 위에서 살아가는 생명체의 일상이다. 길과의 대화는 사람, 동물, 자연 등 무수한 동행자들과 길을 공유하는 것을 뜻한다. 맘에 맞는 대화 상대와 함께 한다면 같은 길도 지루하지 않고 설레며 갈 수 있다.

허리가 아프니까

세상이 다 의자로 보여야

이정록 〈의자〉 일부

시인은 어머니의 말씀을 소식이라고 표현하고 있다. '소식'은 불가에서 크게 깨달았을 때의 경지를 일컫는 용어다. 세상의 어머니는 모두가 선각자이다. 자식을 낳아서 기르기 위해서는 상상 이상의 깊고도 세밀한 지식과 지혜가 필수적이기 때문이다. 모성애에서 우러나는 산 지혜는 어떤 깨달음보다도 우선하며 실용적인 진리인 것이다.

의자는 앉을 때 피곤한 몸을 편히 쉬게 하는 도구다. 이웃에게 의자를 내주고, 사회에서 자신이 직접 의자 역할을 하는 것은 바람직한 선행이다. 어머니는 시인에게 그러기를 당부하고 있다. 이 시에서 '허리가 아프니 세상이 다 의자로 보인다'는 2연 이외의 구절은 모두가 부연설명에 지나지 않는다.

세상의 모든 모음에다 바퀴를 달아주고 싶다

그 이응받침이고 싶다

김규성 〈바퀴〉 전문

아무리 비싸고 빠른 차도 바퀴가 없으면 무용지물이다. 고성능 엔진이라도 바퀴가 없으면 차는 제대로 움직일 수 없다. 길 위에서, 길을 통해 살아가는 사람들에게 다리가 절대적이듯 문명의 일상에 바퀴는 필수적 가치를 지닌다.

이응 받침은 바퀴를 상징한다. 시인은 세상 모든 모음의 이응 받침이고 싶어 한다. 모든 언어의 바퀴가 되고 싶어 한다. 정체되고 왜곡된 언어의 바퀴를 굴려 밝고 따뜻한 소통의 일익이고 싶어 한다.

소통의 바퀴는 사랑이다. 시인은 소통부재의 시대에 사랑을 바퀴처럼 굴리고 싶어 한다. 세상의 모든 언어를 소통의 큰길에 초대하고 싶어 한다. 이응받침은 얼마나 부드럽고 걸림이 없고 자연스러운 소리이며 모습인가.

들꽃이 핀다

나 자신의 자유와

나 자신의 절대로서

사랑하다가 죽고 싶다고

풀벌레도 외친다.

유안진 〈가을 편지〉 일부

들꽃은 저희끼리 무리를 지어 공동의 시간을 나눈다. 정원이나 꽃밭, 아파트 베란다 화분에 갇혀 인간의 손길과 눈길에 길들여진 꽃들에 비해 자연의 특혜를 배경으로 한껏 싱싱한 자유를 누린다. 풀벌레 역시 들꽃처럼 거친 들판에 자기들만의 둥지를 튼다. 그리고 마음껏 목청을 다듬어 자유를 노래한다.

사람들도 끊임없이 자유를 갈구한다. 때로는 목숨을 담보로 자유를 쟁취한다. 사랑은 구속이나 장벽을 뛰어 넘어 내가 너에게로 흐르는 무한회로의 전류이다.

애착을 놓으면서부터 물드는 노을빛 아름다움

마침내 그 아름다움의 절정에서

죽음에 눈을 맞추는

저

찬란한

투

신

복효근 〈낙엽〉 일부

시인은 낙엽의 추락을 일러 애착을 놓으면서부터 물드는 노을빛 아름다움으로 묘사한다. 추락에 대해 찬란한 투신이라고 각별한 의미를 부여한다.

낙엽의 추락을 자의적 결단으로 보고 생에 대한 집착을 훌훌히 떨치고 초연하게 죽음을 향하는 의연함을 찬탄한다.

낙엽은 질 때는 뉘 알새라 감쪽같이 제 발부리로 떨어진다. 살아서는 삶에 최선을 다하고 죽어서는 부활의 밑거름이 된다. 그러니 찬란한 투신보다 찬란한 존재라고 해야 더 어울린다. 생과 사 모두에 걸쳐 제 값을 다하는 존재에 대한 존엄을 되새겨야 하는 것이다.

한 점

죄 없는

가을 하늘을 보노라면

거대한 거울이다;

이번 생의 온갖 비밀을 빼돌려

내가 귀순하고 싶은 나라;

황지우 〈거대한 거울〉 일부

거울은 자신을 비추어 보는 도구다. 거울은 자신의 얼굴을 가꾸기 위해서도 필요하지만, 시인의 거울은 얼굴보다도 마음을 다스리는데 회자되는 상징적 의미가 더 크다.

거울은 자신을 반성하고 바르게 이끄는 길잡이로 여겨 왔다. 흔히 누군가를 본받고 싶을 때 거울로 삼는다고 한다. 또 과거를 반성하고 그 반복을 경계할 때도 거울삼는다고 한다.

가을하늘은 때 묻지 않고 흐트러지지 않아서 맑고 고요한 본성을 가리킨다. 자신의 내면을 환하게 비추어주는 마음의 거울은 청정하늘과 같다. 그 거울은 본래의 마음자리를 깨친 경우에만 제대로 볼 수 있다.

우리는 서로의 눈에 담긴 것을 보고, 보았다고
믿어 버리고, 믿는 김에 신앙을 갖게 되고,
우리의 신앙이 깊어질수록 우리는 깊은 곳에서
빠져나올 수 없게 되겠지

황인찬 〈종로 사가〉 일부

시인은 변화무쌍한 세상에 서로에게 몰입하며 그것을 불변의 관계로 믿어버리는 것을 경계한다. 관계가 깊어져 신앙화될수록 거기에서 빠져 나올 수 없기 때문이다.

그 깊은 곳은 영원한 공간이 아니라 길의 일부다. 아무리 끈끈한 관계도 길 위에서의 일이다. 자신을 포함한 시간과 공간의 변화 속에서 그 무엇도 영원할 수는 없다. 길 끝에는 죽음이 기다리고 있기 때문이다.

길 위에서 서로의 눈에 비치는 것은 불변의 실재가 아니다. 그것을 실재라고 믿어버리는 환각의 작용에 불과하다. 실은 불변의 실체가 아닌 자신마저도 환상의 집합체일 뿐이다. 그 사실을 깨칠 때만 환상의 질곡에서 빠져 나올 수 있는 것이다.

개미가 기어 다니는 보도블록을 걸어오는 길
엄마가 까치걸음 하는 딸을 보고 눈을 흘기자
'아기개미를 밟으면 엄마 개미를 못 만나잖아?'
앙증스러운 어린 딸의 말을 듣고
엄마는 처녀 적 시인의 꿈이 다시 생각나 미소 지었네

오탁번 〈엄마가 어린 딸을 데리고 시장 가는 길〉 일부

아이는 엄마에게 빨갛게 익은 감이 탐스러운 감나무 가지에 하얀 낮달이 연처럼 걸려있는 것을 달님이 그새 빨갛게 익었다고 한다. 또 보도블록 위의 개미가 다칠까봐 까치걸음을 한다. 이런 아이의 시심을 통해 엄마는 자신이 못 이룬 시인의 꿈을 간접적으로 이루게 된다.

모녀간의 대화는 시장 갔다 오는 길에서 이루어지고 있다. 시장이 상징하는 자본주의 사회의 속절없이 바쁜 일상이 얼마나 시심과 먼 환경인가를 암묵적 배후로 깔고 있는 셈이다.

동심은 마음에 때가 묻지 않고, 상처를 입지 않아서 정신적으로 가장 건강한 상태다. 시심도 바탕은 동심에 둔다. 그러기에 시가 마음을 정화해 주는 기능을 하게 되는 것이다.

가물가물거리는

저 촛불이 꺼져버려야 비로소

새벽은 온다

정양 〈새벽은〉 일부

갈데없는 절망은 희망의 초대장이다. 희망 말고는 갈 데가 없기 때문이다. 절망의 끝은 죽음 아니면 희망이다. 죽음을 각오한 마당에 희망은 오히려 손쉽다. 그리하여 새롭게 일어선다.

절망 속에서 희망을 찾게 되면 절망이 탄력으로 작용해 배전의 에너지가 발생한다. 어떤 경우에도 쉬거나 물러서지 않게 된다. 회복탄력성이 희망을 부추기기 때문이다.

알고 보면 감방과 놀이터는 따로 없다. 사람에 따라 감방이 놀이터가 되기도 하고 놀이터가 감방으로 바뀌기도 한다. 어리석은 사람은 놀이터조차 감방이라고 매도하는 반면 현명한 사람은 감방도 흔쾌히 놀이터로 바꾼다.

캄캄한 밤이라도 하늘 아래선

마주 잡을 손 하나 오고 있거니

고정희 〈상한 영혼을 위하여〉 일부

사람들은 몸의 상처에는 민감하지만 마음의 상처는 방치하거나 시간의 처분에 맡기기 쉽다. 그러나 몸의 상처보다 마음의 상처는 더 심각하다. 자신도 모르게 건강을 해치고, 끊임없이 정상적 사고와 효율적인 자기관리를 방해한다.

흔히 마음의 고통과 상처를 동일시하지만 마음의 고통이 꼭 상처인 것만은 아니다. 그렇다고 방심해선 안 된다. 자칫 관리를 소홀히 하면 다른 감정의 복선과 합세해 심각한 상처로 발전하기 때문이다.

마음의 고통은 상처로 굳어지기 전 각별한 예방조치가 필요하다. 분노, 슬픔, 번뇌, 고독, 우울 등이 마음의 쓰레기장에 쌓이지 않도록 그때그때 적절히 해소해야 하며 마음의 고통은 숨기거나 억누르려고 들지 말고 적극적으로 풀고 씻어야 한다.

약초 캐다 홀연히 길을 잃었는데

일천 봉우리가 가을 낙엽 속에 있네.

산중 스님이 물 길어 돌아가더니

숲 끝에서 차 달이는 연기 피어나네

이이 〈산중山中〉 일부

약초를 캐다가 길을 잃을 정도면 깊은 산중이다. 길을 잃고 나니 길이 나타난다. 그 길은 산봉우리가 낙엽 속에 묻혀 있는 길이다. 봉우리는 오르고자 하는 길의 정점을 이른다. 그런데 봉우리마다 낙엽에 묻혀 있다. 낙엽은 뿌리로 돌아가는 길을 이른다. 욕망의 정점에 근본으로의 귀의를 가리키는 낙엽이 이정표로 쌓여있는 것이다.

산골짜기 중턱 어디쯤에서 시인은 길을 새롭게 찾는다. 길의 정점에 이르지 않고도 자신이 걸어가야 할 길의 끝을 이미 본 것이다. 걸음걸음이 약초인 길, 이제 길은 지극히 한가롭고 고요하고 평상적이다.

저만큼 스님네의 차 달이는 연기가 피어오르는 풍경이 예사롭기만 하다. 시인은 차나 한 잔 얻어 마시고 산봉우리의 낙엽이 뿌리로 돌아가듯 아직 입안을 맴도는 차향기가 길동무인 길을 다시 돌아 갈 것이다.

비린 공기가

플러그 끝에 주렁주렁 매달려 있다

곳곳에서 사람들이

몸 밖에 플러그를 덜렁거리며 걸어간다

이원 〈거리에서〉 일부

플러그는 사물의 연결고리다. 무에서 유를 맞아들이는 기호이며 탯줄이다. 플러그는 공기를 떠다니는 전류를 끌어들여 다양한 문명의 언어로 번역하는 실용주의의 신호체계다. 전화기도, 선풍기도, 냉장고도, 티브이도, 컴퓨터도 플러그를 통해 작동한다.

사람과 사람 사이에도 플러그가 있다. 이웃을 향한 관심이 곧 플러그다. 눈과 입, 발걸음은 플러그고, 귀와 가슴은 플러그가 꽂히는 콘센트다. 세상은 플러그로 넘친다. 그런데 플러그를 뽑아 산산이 부시고, 아예 콘센트 구멍도 막아버린 채, 물길을 거스르듯 살아가는 이들도 있다.

세상살이는 소통을 필요로 하는 이웃과 세상에 마음의 플러그를 꽂는 일이다. 플러그는 녹슬지 않아야 한다. 플러그뿐 아니다. 세상이 자신을 향해 쉽게 플러그를 꽂을 수 있도록 전천후 콘센트도 지니고 있어야 한다. 이왕이면 멀티 콘센트일수록 좋다.

이제 오느냐

문태준 〈이제 오느냐〉 일부

"이제 오느냐" 라는 말 속에는 어서 오라는 끈끈한 반가움이 실려 있다. 비록 짧은 시간일지라도 그 몇 배나 오래 오래 조바심과 설렘으로 기다리는 자만이 할 수 있는 인사다. 안심과 반가움이 어우러진 최고의 인사다.

누군가를 버선발로 기다리는 것처럼 누군가가 자신을 버선발로 기다리는 소중한 사람이 되어야 한다. 그런 상대는 많을수록 좋다. 그러려면 그만큼 상대에게 반갑고 필요한 존재가 되어야 한다. 그리고 내가 먼저 기꺼이 다가가야 한다.

가장 높은 곳에 보푸라기 깃을 단다

오직 사랑은

내 몸을 비워 그대에게 날아가는 일

외로운 정수리에 날개를 단다

신용목 〈민들레〉 일부

민들레는 정수리에 하얀 갓을 쓰고 있다. 노란 민들레나 하얀 민들레나 똑같이 하얀 갓을 쓰고 있다. 너무 가벼워서 미풍에도 쉬 날려 산산이 흩어질 것만 같다.

그 갓은 아스팔트나 벽 틈을 뚫고 피어나 어렵사리 엮어 놓은 씨앗주머니로 지극한 종족 사랑의 결실이다. 몸을 한사코 가볍게 비워 일구어 낸 결실이 사랑의 힘이 아니라면 홀연 흩어져 버리고 부서져 버리려는 일념으로 직조한 사랑의 창조물이다.

설사 누가 목을 벤다 해도 그 '갓' 만은 가져가지 못할 것이라고 시인은 단언한다. 오직 번식의 길로 인도하는 바람만이 세상 도처에 민들레의 지고한 사랑을 전파할 수 있다는 것이다.

참으로 기다림이란

이 차고 슬픈 호수 같은 것을

또 하나 마음속에 지니는 일이다.

이형기 〈호수〉 일부

호수는 강처럼 무작정 흐르지도 않고, 바다처럼 조수와 파도를 거느리지도 않는다. 늘 평온하고 고요하다. 인간의 성정으로 치면 지극한 평상심으로 정신건강의 이상적 경지에 해당한다.

이 시의 제목은 호수지만 그 주제는 사랑이다. 호수는 사랑이 이르러야 할 목적지를 예시하고 있다. 그 사랑은 나무와 같이 무성하던 청춘이 질풍과 노도의 격랑을 잠재우고, 호수와 같은 마음으로 서로를 조용히 우러르는 관조의 경지를 이른다.

이제 시인에게 기다림이란 호수의 정경을 마음속에 지니는 일이다. 지순한 사랑에 이른 서로의 굳건한 신뢰와 애정이 불변의 평상심을 나누는 것이다. 여기에서 사랑은 사회, 우주와의 진정한 만남을 가리킨다.

마당을 쓸었습니다.

지구 한 모퉁이가 깨끗해졌습니다.

나태주 〈마당을 쓸었습니다〉 일부

누구도 우주의 밖에서 존재할 수는 없다. 우주라는 거대한 울타리 안에서 숨 쉬고, 일하며 산다. 소소한 삼라만상이 모여 지구를 이루고 나아가 우주를 이끌어 간다. 따라서 아무리 하찮은 미물도 우주의 일원이라는 사실은 너무도 당연한 이지이다. 그런데 대부분 그 빤한 사실을 망각하기 일쑤다. 이 시는 그 실상을 짧은 구절로 쉽고도 뚜렷하게 일깨워주고 있다.

시인은 마당을 쓰는 것은 지구 한 부분을 깨끗이 하는 것이고, 꽃이 피는 만큼 지구가 아름다워진다고 한다. 또 한 편의 시를 지구를 밝히는 우주의 점화로 노래한다. 그런데 그보다도 사랑의 가치를 으뜸으로 친다. 사랑은 지구를 깨끗이 정화하는 것이며, 눈부시게 꽃을 피우는 행위이기 때문이다.

나는 오늘

그에게 按手를 받듯

손발을 씻고 세수를 하고

속죄하는 기분으로 몸을 씻는다

임영조 〈비누〉 일부

비누는 살신성인으로 인간에게 헌신한다. 냉정히 말하자면 인간이 창조주이기에 인간의 필요에 따를 수밖에 없는 운명을 감수해야 한다. 그럼에도 시인은 시적 상상력을 발휘해 비누를 성자로 의인화하고 있다.

만약 비누의 헌신이 인간의 때를 씻어주는 정화 행위가 아니라면 비누를 성스런 존재로 노래하지 못할 것이다. 속죄는 신에게가 아니라 비누에게 한 것이지만, 결국은 비누의 재질을 창조해 준 신에게 바치는 셈이다.

비누는 사람과 한 몸이 되어 뒤끝이 깨끗이 소모되어 간다. 그러나 사람의 몸 역시 비누와 같이 소모되어 가는 사실에 대해서는 미처 깨닫지 못한다.

겨울 품안에 숨기

시간도 잠도 그대까지도

오직 뜨거운 병으로 흔들린 뒤

기나긴 상처의 밝은 눈을 뜨고

다시 길을 떠난다

정현종 〈상처〉 일부

'상처의 미학' 이라는 말과 '치유의 미학' 이라는 말이 동시에 쓰이는 세상이다. 그러나 상처와 미학은 양립할 수 없는 단어의 조합이다. 상처는 미학의 대상일 수 없다. 상처는 치유될 때만 치유의 미학에 해당될 수 있다.

시는 종종 상처를 에너지로 탄생한다. 시는 상처의 불완전연소다. 상처는 완쾌된 경우 굳이 시를 필요로 하지 않는다. 상처의 치유는 시적 에너지의 완전연소를 의미하기 때문이다.

이 시에서 기나긴 시간의 밝은 눈을 뜨는 것은 상처가 치유되었음을 뜻한다. 밝은 눈을 뜨기 이전인 기나긴 시간의 어둠은 실체를 확인할 수 없는 상처의 서식지이기 때문이다. 시인은 오랜 상처를 씻고 새 출발을 하게 된 것이다.

비 오는 날 차 안에서
음악을 들으면
누군가 내 삶을
대신 살고 있다는 느낌
지금 아름다운 음악이
아프도록 멀리 있는 것이 아니라
있어야 할 곳에서
내가 너무 멀리 왔다는 느낌

이성복 〈음악〉 일부

사회의 중심부에서 주변부로의 일탈은 타의에 의해 밀려났거나, 스스로 도피했거나 쉽게 떨쳐내기 어려운 고립감으로 작용한다. 정작 자신이 있어야 할 곳으로 부터 멀리 떨어진 거리에서 혼자만의 삶을 반추하는 것이다.

현대인의 대부분은 성에 차지 않은 자신의 존재 가치에 대한 회의를 알게 모르게 반복한다. 어쩌면 세상에는 있어도 그만 없어도 그만인 그저 그런 존재, 즉 굳이 "내가 살지 않아도 될 삶을 살다"가 가는 잉여인간이 더 많을지도 모른다.

혹시 생존경쟁의 들러리로 혹사당하지나 않는지 살펴 볼 일이다. 정말로 세상이 필요로 하는 나의 삶이 무엇인가 한번쯤 돌이켜보기 위해서다. 누군가 내 삶을 대신 살고 있다는 느낌을 떨치고 "촉촉하고 뜨거운 입술로 지금 바로 이 자리에 꼭 있어야만 될 자신과 입맞춤"하는 것이다.

본래 영원한 가난이여,

무일푼인 노을과 저녁 어스름이 찾아와도

나는 아무것도 줄 것이 없이

그 아름다운 빈털터리들의 장엄 앞에서

술을 마시노니

최승호 〈선술집〉 일부

시인에게는 수평선과 저녁노을이 선술집이요 술이다. 따라서 술이 아니라 오묘한 자연의 섭리에 취한다. 진리의 실상인 무소유가 시인에게 우주자연과의 교감과 유유자적할 수 있는 여유를 선물하기 때문이다.

이 시의 주제는 '본래 영원한 가난'과 '괴로움의 증류'라는 두 구절이다. 영원한 무소유의 진리를 깨치면 어떤 괴로움도 증류시킬 수 있기 때문이다. 그러나 돈이 일상생활의 요소인 자본주의 사회에서 초연히 가난을 즐기기란 쉬운 일이 아니다.

그렇더라도 무소유가 실상인 우주의 참모습을 들여다본다면 최소한 과욕에서 비롯된 과소유의 어리석음은 피할 수 있을 것이다. 그 사실을 깨치는 것만으로도 이 시를 읽은 값은 한 셈이다.

열무 삼십 단을 이고
시장에 간 우리 엄마
안 오시네

해는 시든 지 오래
나는 찬밥처럼 방에 담겨
아무리 천천히 숙제를 해도
엄마 안 오시네

기형도 〈엄마 생각〉 일부

엄마의 부재는 기다림과 불안의 모태이다. 빈방에 혼자 엎드려 우는 아이의 불안은 기다림과 그리움을 불러일으켜 서로를 부추기는 상승작용을 한다. 더불어 엄마의 존재감도 새삼스럽게 증폭된다. 아이에게 엄마의 부재는 자신의 존재를 포함한 일체의 상실을 의미한다. 엄마는 그 무엇도 대신할 수 없는 절대적 존재로 우주 자체이기 때문이다.

아이가 엄마를 기다리는 마음은 생명체의 가장 원초적인 정서다. 어느 경우도 이보다 순결하고 절실할 수는 없다. 미처 머리로 분화되지 않은 가슴의 언어는 본능적으로 자기보존을 추구하는 생명애의 원천이기 때문이다. 이처럼 간절한 그리움으로 세상을 맞이한다면 지상천국도 그리 어렵지 않을 것이다. 이 시의 엄마는 연인, 국가, 신으로 그 존재 가치가 확대될 수 있는데 그럴수록 시의 의미도 깊어지게 된다.

나는 바라본다

내부의 나를

하지만 늘 나의 내부에

내가 있는 것은 아니다

가끔 나는 의식의 바깥으로

즐거운 외출을 한다

조용미 〈바라본다〉 일부

내부의 나는 외부에 노출되지 않은 내면세계를 이른다. 외부의 나는 내부에 의해 강하게 지배당하는 처지다. 마치 보이지 않는 신에게 인간이 지배당하는 것이나 비슷하다. 다만 신의 실재 여부는 확인할 수 없지만 내부의 나는 엄연히 작동하며 수시로 존재를 드러낸다. 의식의 세계로 외출을 하는 것이다.

의식은 정체불명의 무의식을 억압하고 무의식은 이에 강력히 저항한다. 둘은 늘 갈등하며 불화한다. 시인은 자신만의 언어로 무의식을 의식화해 두 세계의 소통을 꾀한다. 무의식 세계의 발화되지 못한 감정의 복선을 시적 언어를 통해 외부로 이끌어 내 의식화하는 것이다. 이때 시인은 무의식과 의식을 화해시키는 중개자로 부상한다.

살다 보면 김칫국물이 다

가슴을 들여다보게 하는구나

오만하게 곧추선 머리를

푹 숙이게 하는구나

손택수 〈가슴에 묻은 김치 국물〉 일부

시인은 사소한 일상에서 놀라운 사실을 발견해 내는 미시적 탐험가이다. 그런데 그 발견에 참신한 의미와 가치를 부여하는 데는 거시적 안목을 필요로 한다.

흰 와이셔츠에 떨어진 김치 국물을 살피느라고 고개를 숙인다. 그런데 이를 보고 자기에게 인사한 것으로 착각한 사람이 꾸벅 답례를 한다. 평소에는 소원하던 사이가 우연찮게 인사를 나눈 셈이다.

이제 김치 국물은 겸허한 자기성찰의 메신저로 기능하게 된다. 시인은 고개를 숙여 와이셔츠를 살펴보는 외형상의 몸짓을 통해 자신의 가슴 속을 들여다보는 내면적 성찰에 이르게 된다.

마음의 문들은 닫히고

어둠이 허기 같은 저녁

눈물자국 때문에

속이 훤히 들여다보이는 사람들과

국수가 먹고 싶다

이상국 〈국수가 먹고 싶다〉 일부

욕심은 아주 작게 줄이면 소중한 미덕이 될 수 있다. 이웃에 피해가 안 가는 작고 가벼운 욕심은 오히려 자신이나 이웃을 위해서 권장할 만하다.

이를테면 휴일이면 실컷 책을 읽고 싶은 욕심, 손수 빚은 차를 이웃과 마시고 싶은 욕심이다. 이 시는 그런 욕심의 순수한 발로다. 밥보다도 싼 한 끼가 별미인 국수 정도야 아무런 눈치 안 보고 부담 없이 나눌 수 있다.

그 국수는 "눈물자국 때문에 속이 훤히 들여다보이는 사람들과" 서로를 위로하며 먹는 따뜻한 국수다. 이런 욕심은 부릴수록 좋다. 아름답고 따뜻한 마음이 바탕을 이루고 있기 때문이다.

들판의 슬픔 하나 들판의 고독 하나
들판의 고통 하나나도
다른 곳에서 바람에 쓸리며
자기를 헤집고 있다

피하지 마라
빈들에 가서 깨닫는 그것
우리가 늘 흔들리고 있음을.

오규원 〈살아 있는 것은 흔들리면서-순례11〉

강물은 유장한 흐름으로 맑음을 유지한다. 아무리 작은 벌레도 움직임을 통해 목숨을 이어나가고, 수목은 벌 나비와 비바람의 동력에 의해 꽃피우고 열매 맺는다. 살아있는 것들에게 정지는 죽음을 의미한다.

자연스럽게 움직이는 것은 자발적 의지의 발로이지만 흔들리는 것은 외부의 간섭이나 충격에 따라 움직이는 것을 가리킨다. 고통이나 슬픔, 분노, 상처 등은 흔들림의 산물이다. 그렇다고 흔들리지 않고 살아갈 도리는 없다.

시인은 텅 비운 빈 들에 가서 늘 흔들리고 있다는 사실을 깨닫기를 주문한다. 나무가 바람으로 먼지를 털고, 강물은 풍랑으로 스스로를 정화하듯이 어차피 흔들리는 것을 피할 수 없을 바에야 오히려 흔들림을 통해 고통, 슬픔을 극복하고 상처를 치유하라는 것이다.

깊은 산골짜기에 막 얼어붙은 폭포의 숨결

내년 봄이 올 때까지 거기 있어라

다른 입김이 와서 그대를 녹여 줄 때까지

깊은 산골짜기 얼음폭포는 독재의 서슬에 짓눌린 민중의 암울한 현실에 비길 수 있다. 이듬해 봄 얼음을 녹일 입김은 민주화의 봄을 상징하리라. 폭포는 얼음에서 해방될 때 장엄한 폭발력을 회복하게 된다. 민중의 힘이다.

여기에 그치지 말고 의미의 파장을 보다 크게 그리고 멀리 확장해 보자. '내년 봄'은 다음 생으로 해석할 수 있다. '다른 입김'은 누대에 걸친 연속적 승계를 가리킬 수도 있다.

새파란 무덤 하나,

그대를 향해

왈칵 달려드는 풀 내음

그것이 우리가 끝까지 살아야 했던 이유이다

조정권 〈산정묘지 19〉 일부

산정묘지라니, 제목부터가 예사롭지 않다. 산정은 인간의 한계를 절감하는 자리로 누구도 산정에서는 오래 머물 수 없다. 춥고, 바람이 심하고, 외롭기 때문이다. 높은 산일수록 더 그렇다.

시인은 가 닿을 수 없는 높이를 추구하다가 결국 겨울 땅에 드러눕는 인간들의 한계와 종말을 산정묘지로 설정한다. 그런데 산정에서 깨달은 진정한 우주의 섭리는 생명의 신비와 역동성이다.

비단 무덤은 죽음만을 의미하지 않는다. 살아서도 생명의 진가를 발휘하지 못한다면 죽어있는 것이나 다름없다. 따라서 이 시는 산 자들의 무덤을 경계한 메시지일 수도 있다. 그러니 "끝까지 살아야 했던 이유를" 끝까지 살아야 하는 이유로 그 시제(時制)를 고쳐야 한다.

상처만이 상처와 스밀 수 있는가
내가 두 눈을 뜨자 닥쳐오는 저 노을
상처와 상처가 맞닿아
하염없이 붉은 물이 흐르고
당신이란 이름의 비상구도 깜깜하게 닫히네.

김혜순 〈지평선〉 일부

지평선은 하늘과 땅을 가르는 공간의 경계이며 하루가 그 경계선을 오르내리는 것으로 밤과 낮이 바뀌는 시간의 경계다. 시인은 하늘과 땅의 분리를 누군가 쪼개놓은 상처로 보고 있다. 노을이 지는 순간은 하늘의 상처와 지상의 상처가 맞닿아 붉은 눈물을 흘리는 것이다.

상처는 하늘과 땅의 간극처럼 애초의 하나가 둘로 분리된 진통이다. 하나이던 마음의 평정이 여러 갈래로 찢겨서 안정을 잃고 헤매는 것이 상처의 진상이다. 그러기에 상처는 본연의 평정으로 돌아갈 때만이 온전히 치유된다. 상처와 상처가 만나 하나로 스미는 것은 천지합일의 경지나 다름없다.

손바닥으로 턱을 괴고 긴 의자에 앉아있던 사나이가 자리를
떠났다.

누군가 그의 모습을 하고 비어 있는 그 자리에 앉아있다.

바람이다

허만하 〈낙엽〉 일부

손바닥으로 턱을 괴고 긴 의자에 앉아있던 사나이가 남겨 놓고 간 것은 무엇일까. 그 자리는 비어있다. 사내는 자신의 생각이나 고민의 해답을 안고 자리에서 일어 선 것으로 보인다.

바람이 사내와 같은 모습으로 사내가 앉아있던 자리를 대신하고 있지만, 이내 그 자리를 비우고 말 해결사는 바람이다. 바람은 앉았다가 간 사내의 흔적조차 지우고 곧장 사라질 것이기 때문이다.

어쩌면 세상은 공원에 잠시 앉아 턱을 괴고 생각하다 가는 미륵반가사유상의 빈 의자에 지나지 않는지도 모른다. 그렇다면 어서 훌훌 털고 일어나 공원 곳곳의 꽃과 비둘기, 신명난 아이들과 한바탕 어울려 놀아봄직 하지 않는가.

서로의 잔등에 볼을 부비는

눈 내리는 날은 즐겁다

눈이 내릴 동안

나도 누군가를 업고 싶다

김종해 〈눈〉 일부

눈은 순결을 상징한다. 그 순결한 정경이 시야에 가득할 때 추운 것도 잊고 마냥 설레며 즐겁다. 이 시에서도 시인의 동심은 눈 내리는 날의 즐거움을 노래하고 있다.

시인은 눈은 서로를 업고 있기 때문에 가볍다고 한다. 눈이 눈을 덮는 것을 서로가 서로를 어루만져 주는 상생의 차원으로 보는 동심의 발로다. 그러기에 서로의 잔등에 볼을 비빈다고 표현한다.

이 시의 핵심은 마지막 구절의 "눈이 내리는 동안 나도 누군가를 업고 싶다"는 이타적 애정에 모아진다. 눈을 바라보는 곱고 정겨운 시선으로 이웃과 만나고 싶다는 따뜻한 사회참여의 결의이다.

이런 것이 아니었다 생각할수록

떼죽음 당하는 내면들, 불면은

나 아닌 곳에 가서 쌓이는 가혹한 삶의 은유인가

김경주 〈폭설, 민박, 편지 1〉 일부

불면은 타의에 의해 이루어졌을지라도 자신이 해결해야 한다. 그러나 자신의 의지만으로는 해결하기 어려운 난제다. 내면은 무의식과 의식의 복합적 산물인데 그 중에서도 정체가 묘연한 무의식은 불면보다 더 막연히 자신을 구속한다. 한편, 불면의 상당부분은 무의식이 요인으로 작용한다.

분명 자신의 내면에 있는데도 도무지 그 실상을 구체적으로 표현하기 어려운 점에서 불면과 무의식은 은유적 성격을 지닌다. 돌이켜 보면 실제 자신이 아닌 무의식적 억압이 쌓여 자신을 옥죄고 정상적 자아를 방해한다. 따라서 실제의 자아는 이런 것이 아니라는 사실, 즉 왜곡된 무의식의 허상을 직시할 때 그로부터 자유로울 수 있는 것이다.

나의 젖을 빨면서 너는 목이 메이나보다

사는 게 별 건가

내 젖은 언제나 달콤하지 않았으나 가끔 내게도 꿀물 같은 말을 한다 내 정수리 해골을 빨면서도 너는 내게 묻는다 행복하지? 우듬지 내 몸 한 켠을 빌려 목숨을 키우고 겨우 살면서도

팔랑거리지 않고 용케도 둥글게 똬리를 틀고 앉아

오가는 새들의 그림자도 쉬어가지 못하게

가시를 고슴도치처럼 세운다

햇빛에 녹아내린 상고대 눈물을 겨우겨우 받아 마시며 몸을 세우고 있는 내 몸에 달라붙어 살면서 나더러 죽지 말라고 애원한다

너는 나 때문에 살고, 나는 너 때문에

그나마,

겨우 산다

박자경 〈겨우살이〉 전문

나무의 가지 끝에 도사리고 앉아 엄동설한의 풍상을 견디어내는 겨우살이는 지난한 인고의 결정체다. 한겨울 눈 속에 녹색 똬리를 틀고 앉아 바짝 마른 나무에 촉수를 꽂고 영양을 섭취한다. 허락도 없이 세 들어 살면서도 나무보다 더 생기에 차 있다.

나무는 겨우살이의 푸른 신호등에 의해 한겨울에도 존재감을 드러내며 생존을 재확인한다. 상호 필요적 동거인 셈이다.

세상에는 겨우살이와 나무처럼 만물이 서로의 삶을 담보로 긴밀한 의존 관계를 이루고 있다. 너와 나, 생명체와 시간, 생명체와 공간의 관계 역시 다르지 않다. 문제는 어떻게 서로의 존재 가치를 높여가며 공존의 지혜를 나누느냐는 것이다.

눈 내린 들길을 걸어 갈 때는

행여 발자국을 어지럽히지 마라

오늘 내가 걸어간 길이

훗날 다른 사람의 이정표가 되리니

서산대사 〈눈 덮인 들길을 가며〉 일부

눈길은 발자국이 뚜렷하다. 사람이 살아가는 길도 다를 바 없다. 앞서 간 이들의 행적은 뒤에 오는 이들의 표적이 된다. 아무리 숨기고 위장하려고 해도 언젠가는 그 실체가 드러나기 마련이다. 따라서 말 한 마디 행동 하나도 허투루 하지 않아야 한다.

이 글은 원래 서산 대사의 선시인데 백범이 평생의 좌우명으로 삼은 구절이기도 하다. 그래선지 백범의 시로 착각하는 경우가 많다. 백범을 통해 시가 새롭게 되살아 난 것이다. 백범은 평생을 위의 시처럼 살다 갔다. 이런 독자를 만나면 시인은 행복하다.

우리의 욕망이 서로 높아 가는 만큼

산은 저렇게 낮고 낮다.

이하석 〈폐차장 1〉 일부

폐차장은 문명을 상징한다. 구체적으로 이야기하면 일그러지고, 녹슬고, 부패한 문명의 잔해 창고다. 현대적 욕망의 결과물이자 시니컬한 증언이다. 문명의 최후는 폐차장과 같이 황폐하다.

욕망은 계단 쌓기로 높이와의 전쟁이다. 더러는 계단을 무시하고 수직상승하기도 한다. 최고의 높이에 이르렀다 해도 누군가가 분명 자신의 높이를 노리고 있기에 더 높이 올라야 한다. 거기는 허공으로 수직의 추락만이 허용될 뿐이다.

산은 높이의 상징이다. 그러나 정작 산은 높이를 추구하지 않는다. 청정과 고요가 높이의 주인이다. 평생을 높이와의 전쟁에 허비한 인간은 죽음에 이르러서야 산의 밑자락에 이를 뿐이다.

시인 박자경(본명 : 朴敬子)

시집『오래 묵은 고요』를 냈고 대학에서 문학 강의를 하는 오랜 시간 문학치유와 독서치료, 특히 시치유에 대해 관심을 기울여 왔습니다.

시 치유를 주제로 한「김현승 시의 내재적 치유성 연구」로 박사학위를 받았으며 저서로『독서토론과 문학치유』『인문학 독서토론』『동양문학의 이해와 감상』『한국어 교육실습』『한국어 어휘 교육과 글쓰기』등이 있습니다.

문학치유에 관한 논문으로「문학치유의 미래지향적 가치 제고」「중용의 문학치유적 고찰」「김현승의 고독과 시적 형상화에 관한 고찰」「한국다도의 치유성 연구」등 다수가 있습니다.